no.1

［1月・2月］
図案26頁

no.2

［3月・4月］
図案28頁

no.3

［5月・6月］
図案30頁

no.4

［7月・8月］
図案32頁

no.5

［9月・10月］
図案34頁

no.6

［11月・12月］
図案36頁

no.7

［1月・2月］
図案38頁

no.8

［3月・4月］
図案40頁

no.9

［5月・6月］
図案42頁

no.10 ［7月・8月］ 図案44頁

no.11

［9月・10月］
図案46頁

no.12

［11月・12月］
図案48頁

no.13 ［1月・2月］ 図案50頁

no.14 ［3月・4月］ 図案52頁

no.15 ［5月・6月］ 図案54頁

no.16 ［7月・8月］ 図案56頁

no.17 ［9月・10月］ 図案58頁

no.18 ［11月・12月］ 図案60頁

no.19

［1月・2月］
図案62頁

no.20

［3月・4月］
図案64頁

no.21 ［5月・6月］ 図案66頁

no.22 ［7月・8月］ 図案68頁

no.23 ［9月・10月］ 図案70頁

no.24 ［11月・12月］ 図案72頁

no.25 ［1月・2月］　図案74頁

no.26 ［3月・4月］　図案76頁

no.27 ［5月・6月］ 図案78頁

no.28 ［7月・8月］ 図案80頁

no.29 ［9月・10月］ 図案82頁

no.30 ［11月・12月］ 図案84頁

no.31 ｜ ［1月・2月］　図案86頁

　no.32 ｜ ［3月・4月］　図案88頁

no.33 ［5月・6月］ 図案90頁

no.34 ［7月・8月］ 図案92頁

no.35 ［9月・10月］ 図案94頁

no.36 ［11月・12月］ 図案96頁

2022年　Flowers 花の刺しゅう絵

no.37　│　［1月・2月］　図案98頁

no.38　│　［3月・4月］　図案100頁

no.39 ［5月・6月］ 図案102頁

　　　　　no.40 ［7月・8月］ 図案104頁

no.41 ［9月・10月］ 図案106頁

no.42 ［11月・12月］ 図案108頁

no.43　［1月・2月］　図案110頁　　　　　no.44　［3月・4月］　図案112頁

no.45 ［5月・6月］ 図案114頁　　　　　　　　　　　　no.46 ［7月・8月］ 図案116頁

no.47 ［9月・10月］ 図案118頁   no.48 ［11月・12月］ 図案120頁

図案について

「戸塚刺しゅうカレンダー」に掲載した写真は、実際の刺しゅう作品を約70%に縮小しています。
本書では実際の刺しゅう作品の実物大図案を掲載していますが、紙面の都合上、一部の作品は縮小しています。
「90％に縮小しています」と表記してある図案を実際の刺しゅう作品と同じサイズの図案にする場合は、111％に
拡大してお使いください。

no.1

2016年［1月・2月］

写真01頁

紙面の都合上、図案は90％に
縮小しています。実物大図案
にするには、この図案を111％
に拡大してご使用ください。

2016年［3月・4月］

写真01頁

紙面の都合上、図案は90％に
縮小しています。実物大図案
にするには、この図案を111％
に拡大してご使用ください。

no.3

2016年［5月・6月］

写真02頁

紙面の都合上、図案は90％に
縮小しています。実物大図案
にするには、この図案を111％
に拡大してご使用ください。

紙面の都合上、図案は90％に
縮小しています。実物大図案
にするには、この図案を111％
に拡大してご使用ください。

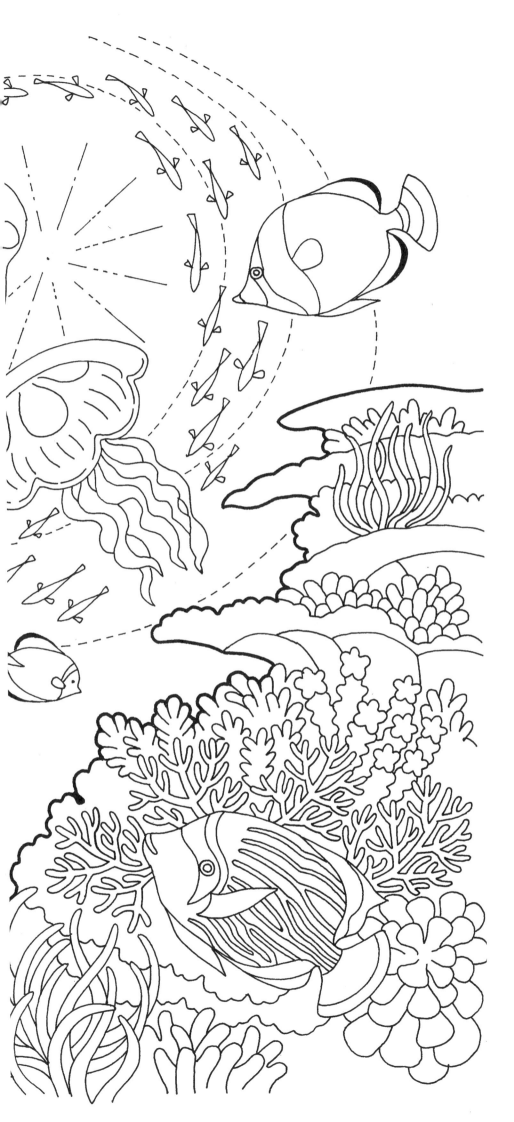

no.5

2016年［9月・10月］

写真03頁

紙面の都合上、図案は90％に
縮小しています。実物大図案
にするには、この図案を111％
に拡大してご使用ください。

no.6

2016年［11月・12月］

写真03頁

紙面の都合上、図案は90％に
縮小しています。実物大図案
にするには、この図案を111％
に拡大してご使用ください。

2017年 ［5月・6月］
写真05頁

2019年［3月・4月］
写真10頁

2019年［9月・10月］
写真12頁

no.26

2020年［3月・4月］
写真13頁

77

2020年［5月・6月］
写真14頁

no.28

2020年［7月・8月］
写真14頁

no.36

2021年［11月・12月］
写真18頁

no.38

2022年［3月・4月］
写真19頁

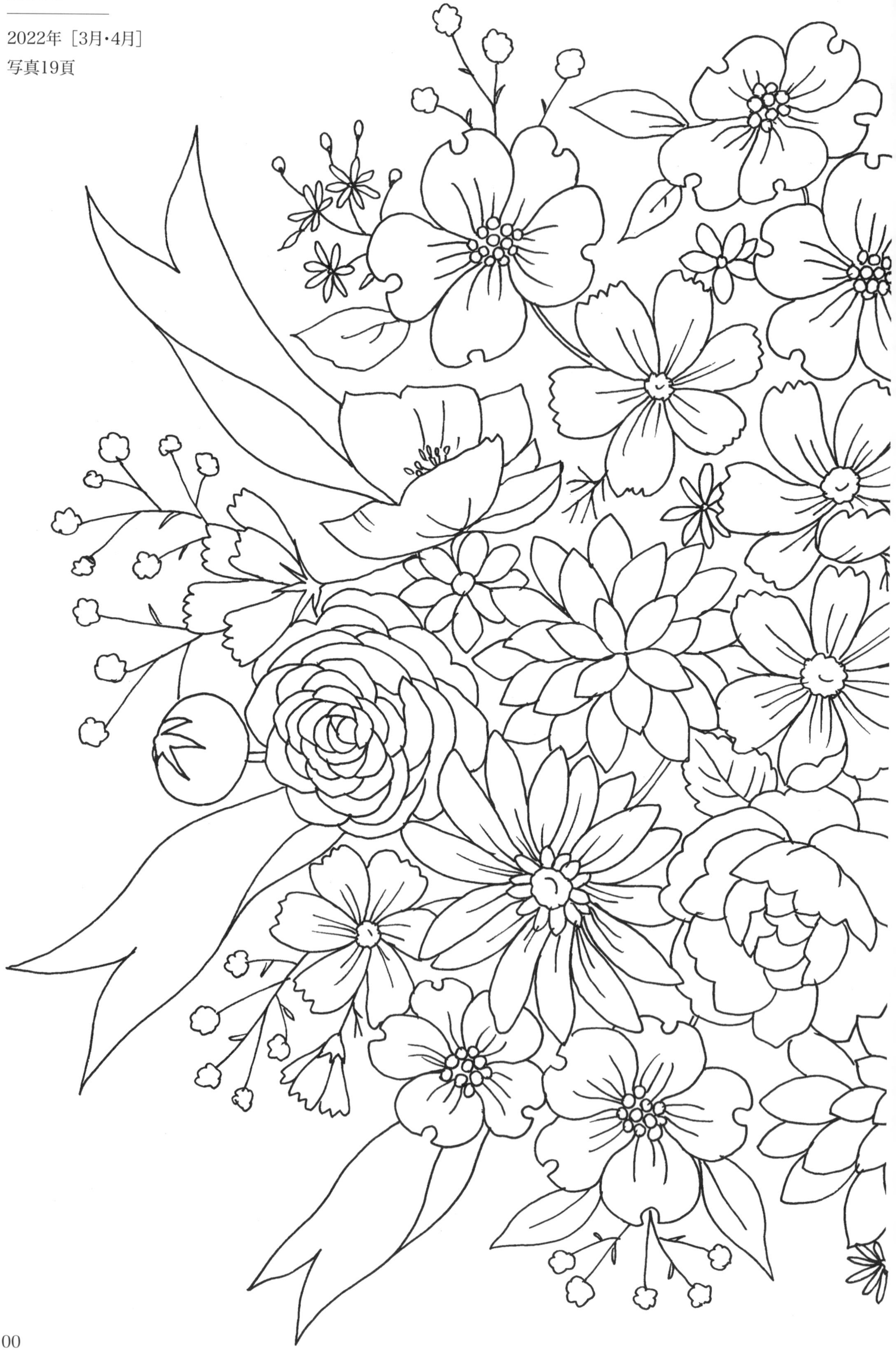

no.39

2022年［5月・6月］
写真20頁

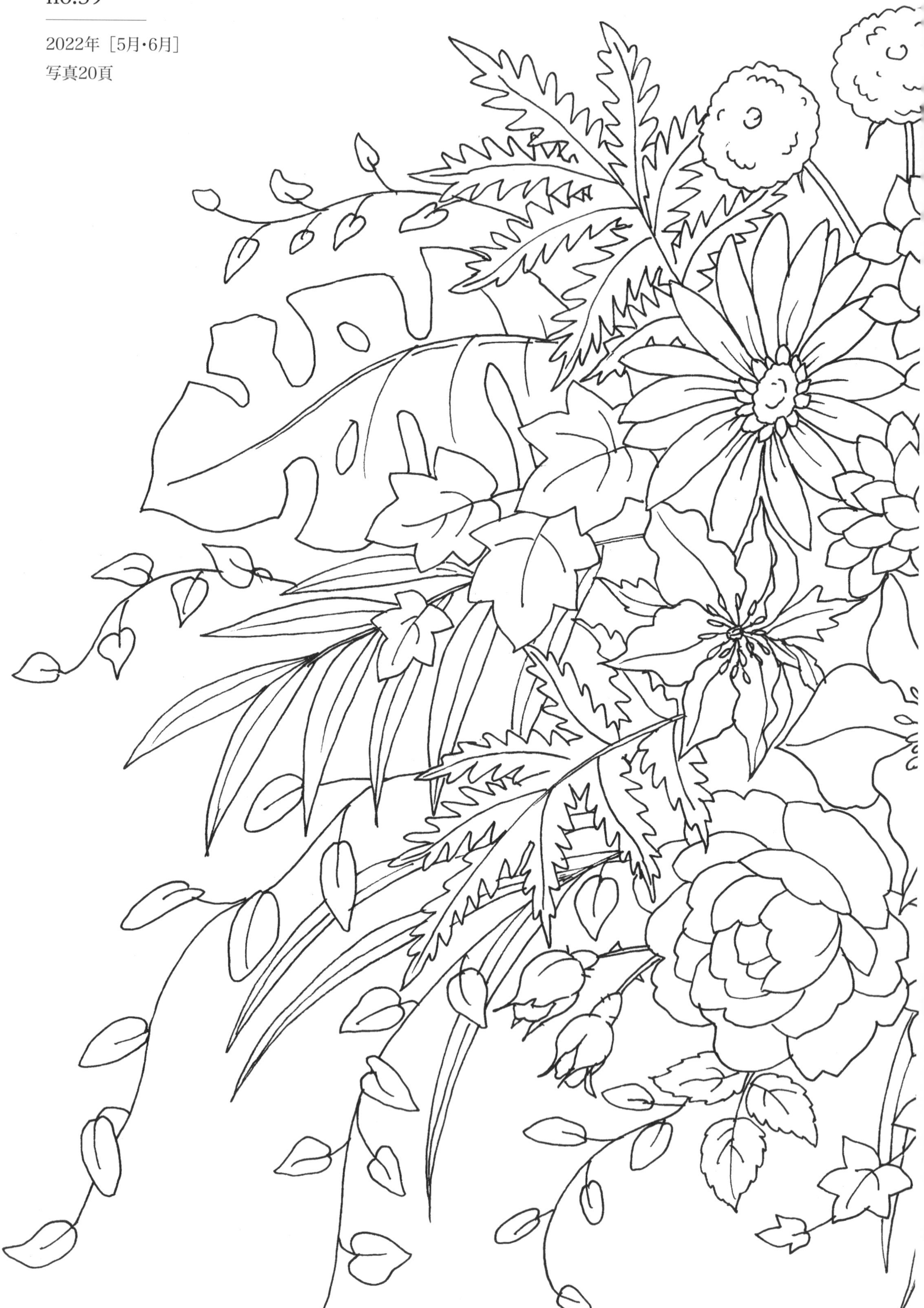

2022年［9月・10月］
写真21頁

2022年［11月・12月］
写真21頁

113

114

ANTICO CAFE GRECO

刺しゅう制作協力 (50 音順敬称略)

池田春美　一瀬朋子　伊戸恭子　岩佐美知子　大倉弘子　岡田廣子

岡本節子　岡本朋子　長船つる子　片山多喜子　門前則子　門屋和子

川村厚子　岸間尚美　北尾恭子　北本美智子　久保照子　佐藤桂子

佐藤マス子　眞　裕子　佐野千鶴子　下田京子　鈴木佳子　髙見紀美子

滝波弥寿子　田中慶子　千原朱美　堂前充子　徳田恵子　中庭千鶴子

濱本千代子　福田蒔子　藤井信子　星野智恵子　前田満喜江　丸尾富美

三村君江　吉川三代子　吉澤春美　若林公子

図　案　　岡　郁子　　経　真珠美　　よしのぶもとこ
撮　影　　木下大造
デザイン　株式会社ユニカイエ
カレンダー装丁　有限会社エアプランツ　株式会社ユニカイエ
協　力　　株式会社ルシアン
編集担当　見田郁代